LA SYMPHONIE DES SILENCES

MAYA PETERS

LA SYMPHONIE
DES SILENCES

© 2024, Maya Peters
Couverture : Clémence Darmagnac
Édition : BoD · Books on Demand, 31 avenue Saint-Rémy, 57600 Forbach, bod@bod.fr
Impression : Libri Plureos GmbH, Friedensallee 273, 22763 Hamburg (Allemagne)
ISBN : 978-2-8106-2367-9
Dépôt légal : Février 2025

Avertissement :

Avant de commencer ta lecture, je veux t'avertir que j'aborde plusieurs sujets compliqués dans ce recueil comme la mort mais aussi les pensées suicidaires, la dépression, les étapes du deuil, la déréalisation... Ce recueil est destiné à t'aider dans le deuil de ton étoile mais si tu te sens encore fragile pour faire face à ces thèmes, ne lis pas encore ce livre. Laisse-toi le temps. Le deuil n'a pas de durée déterminée alors lis-le quand tu seras prêt*e*. Rien ne presse.

Ce recueil est un recueil de lettres fictives. J'ai fait en sorte qu'il soit universel. Il n'y a donc pas de prénoms mentionnés ni d'âges, ni de sexes. L'écriture inclusive est ainsi mentionnée par des *e ou une terminaison féminine en écriture italique*. Je veux que tout le monde puisse s'y reconnaître et ainsi apaiser son coeur. Je veux que ce recueil soit un havre de paix où on se sent comme à la maison. Je traite le sujet du deuil parce que je le connais bien donc certains sentiments et certaines émotions sont authentiques.

Alors installe-toi et bienvenue dans ce voyage d'une année, de novembre à novembre. Tu y laisseras quelques larmes, quelques sourires et j'espère qu'à la fin il ne te restera que l'espoir.

- Maya

*à toutes nos étoiles qui se sont éteintes
mais qui font aujourd'hui briller
plus fort le ciel nocturne*

*on ne pourra jamais oublier
la tempête
de votre départ*

(aucun objet)

───────────────

Hello,

Je me permets de t'écrire parce que je pense que tu ne souhaites pas prendre d'appels en de telles circonstances, ce que je peux comprendre.

Déjà, je suis désolée que ton étoile se soit éteinte. Je sais à quel point vous étiez proches, j'ose à peine imaginer ta douleur qui doit être immense.

Je t'écris simplement pour te donner un conseil qui m'a beaucoup aidée quand j'ai été en plein deuil : écrire. Ecris sous la forme que tu veux mais essaye de te décharger de ce poids. Le deuil, ça éloigne de tout le monde et cette vulnérabilité, ce traumatisme, il faut en faire quelque chose.

Voilà, c'est tout.

Je ne t'embête pas plus mais j'espère que tu vas suivre mon conseil.

Ecrire, ça m'a permis de ne pas sombrer et de respirer un peu dans la tempête.

PS : quand tu te sentiras prête écris une lettre à ton étoile et brûle-la.

(aucun objet)

───────────────

Pour le moment j'ai juste envie de crever.
J'ai l'impression que plus rien ne vaut le coup,
que le monde n'a plus de sens.
J'ai perdu *ma* personne.
J'ai l'impression d'avoir un vide à la place du coeur.

Mais quand ça ira mieux je vais essayer.

mon étoile, nous avons des choses à nous dire

Novembre

12 novembre 2023

Le monde est vide. Depuis que tu n'es plus là, depuis ton départ, depuis un mois, tout est vide, le monde ne ressemble plus à celui que je connaissais, à celui qu'on aimait. Je suis en colère. Je n'ai que de la rage en moi. Pourquoi tu m'as fait ça ? Pourquoi tu es partie si subitement ? Tu étais là, je t'aimais et d'un seul coup tout s'est éteint et tu as disparue de mon univers. Toi, l'étoile la plus brillante de ma constellation, tu as disparue comme si tu n'avais jamais existé. Je suis en colère et il ne me reste que ça pour communiquer avec toi. Il ne me reste que ce bout de papier. Parce que tu sais, quand j'ai appris ton départ, je n'ai plus parlé à personne, je me suis renfermée, je ne voulais plus appartenir à un monde qui m'agressait continuellement, qui me rappelait tout le temps que tu avais existé et que tu n'existerais plus jamais. Je ne pouvais plus supporter les « ça va », les « toutes mes condoléances », les regards compatissants, les caresses sur les épaules comme pour m'encourager à continuer à avancer.

Bref, je ne supportais plus de vivre parce que tout me rappelait à quel point je t'aimais, à quel point mon monde avait un sens parce que tu étais là, juste à côté de moi. Je suis en colère. J'ai encore besoin de l'écrire, de te le dire si tu m'entends, si tu me vois quelque part. Putain. Putain je te déteste. J'ai envie de te hurler dessus à quel point je te déteste de m'avoir laissée là, sans toi, sans amour, sans tes bras, sans ton regard. J'ai l'angoisse qui me serre encore la gorge, qui s'insinue toujours dans mon coeur et me rend malade. Malade d'une vie que j'ai connue et que je ne retrouverai plus jamais. Je veux te hurler que j'ai mal, que je n'ai pas à supporter ça, que je ne l'ai pas mérité, que j'ai déjà assez souffert pour ne pas sentir encore mon coeur se briser. Mon coeur, je ne le sentais déjà plus battre aussi fort qu'il y a quelques années mais depuis ton départ il s'est arrêté et j'ai peur qu'il ne retrouve plus jamais la force de repartir.

Comment vais-je pouvoir vivre avec cette haine qui me ronge le corps ? Je te pose encore des questions comme si tu pouvais y répondre. Je me sens seule, j'ai envie de te retrouver mais je te cherche, je te cherche et j'ai beau encore te chercher je ne te trouve pas, je ne te trouve plus. Je ne te trouve plus et contrairement à ce que disent les gens je ne te vois pas partout, je ne te sens pas à côté, j'ai l'impression que tu m'as tout simplement abandonnée. Et pourtant, sache que je t'ai attendue, et tu n'es jamais revenue.

Et je sais, je commence à comprendre que tu ne reviendras jamais.

- De moi à toi, si tu existes encore quelque part.

tu vas revenir n'est-ce pas ?

la symphonie des silences

comment est-ce possible
que l'absence fasse mal à ce point ?
je m'en veux de t'en vouloir
mais je ne peux pas m'en empêcher,
je suis seul*e* ici et ce n'est pas facile,
je n'ai plus personne à qui parler,
plus personne à qui me confier,
je n'étais pas encore prête à te voir partir,
je n'arrive pas à affronter ton départ.
je ne peux pas croire qu'on ne va jamais se revoir,
dis-moi où tu es que je vienne
te rejoindre dans les étoiles.

maya peters

je me demande si tu me vois encore
quelque part dans le ciel,
quelque part dans le monde.
si tu me fais signe,
par une brise de vent,
un chuchotement dans les vagues,
un chant d'oiseau.
si tu me faisais signe
je pourrais me débarrasser
de toute cette colère qui me ronge
et qui m'empêche de faire mon deuil.

je veux juste savoir que tu ne m'as pas abandonné*e*.

15 novembre 2023

Je n'ai pas réussi à t'écrire en début de semaine. Je n'ai pas réussi parce que la peine était trop vive, j'avais l'impression d'avoir des morceaux de verre dans le coeur et dans les veines quand je pensais à toi. Pour tout te dire, depuis que tu es parti*e*, je n'ai pas repris ma vie. Je ne vois aucun autre moyen de décrire ce qu'il se passe. Je n'ai pas repris ma vie parce que je m'attends toujours à te croiser au coin d'une rue, j'attends toujours tes appels pour qu'on puisse se voir ce week-end. Je n'ai pas repris ma vie parce que quand je mets la table à la maison je rajoute toujours une assiette pour toi, après une bonne nouvelle j'ai toujours le réflexe de t'appeler pour te la raconter. Je n'ai pas repris ma vie parce qu'elle n'a pas de sens sans toi. Ton départ a tout remis en question, je me demande depuis à quoi ça sert de vivre si du jour au lendemain tout s'arrête subitement, comme ça, sans prévenir et qu'on se retrouve à écrire des lettres pour des personnes qui ne les liront jamais. C'est bizarre non ? C'est ironique. La vie a un humour étrange, grinçant, cruel.

Dis-moi, où es-tu ? Dis-moi où tu es pour que je puisse te rejoindre et faire taire la colère qui me ronge. J'ai besoin de te revoir, de sentir ta peau, ton parfum. J'ai encore besoin une fois d'entendre ta voix, d'avoir encore une conversation avec toi pour que tu puisses me dessiner un monde qui résiste au bruit de ton absence.

Est-ce que tu me vois quand je suis dans le cabinet de cette psychologue qui essaye de m'expliquer les étapes du deuil, qui essaye de m'expliquer que la douleur n'est pas éternelle et qu'un jour tout devient plus facile ? J'avoue que la première fois que je me suis assise dans la salle d'attente j'ai eu envie de m'enfuir, de partir, de ne plus revenir. J'avais envie de partir parce que je me demandais comment une personne que je ne connaissais pas allait pouvoir m'expliquer ce que je ressentais, légitimer ma souffrance, la faire exister.

Pourquoi aurais-je dû parler à quelqu'un qui ne te connaissait pas de toute la colère que j'éprouvais contre toi et de la personne merveilleuse que tu étais. Comment aurais-je pu lui dire à quel point tu illuminais ma vie, à quel point je ne savais pas vivre sans toi parce que nos existences étaient liées depuis toujours.

Mais cette psy m'a dit qu'il était important que je puisse te dire au revoir, que je puisse soulager mon coeur. Parce qu'un enterrement, je t'assure que ça ne suffit pas, un au revoir en plein mois d'octobre ne m'a pas suffit pour me sentir un peu mieux et pour trouver un peu de paix.

Alors j'ai commencé à t'écrire.
A toi qui ne m'entends peut-être plus.
Mais j'ai besoin de cela pour aller un peu mieux
et pour espérer reprendre ma vie.

- Ma colère et ma haine commencent peu à peu à s'apaiser.
 Il faudra qu'un jour je vienne te rendre visite et que j'achète
 des fleurs.

la symphonie des silences

je ne savais pas par où commencer
la première fois que j'ai décidé de parler de toi.
j'avais l'impression que nous avions vécu trop de choses
pour que je puisse tout résumer en une séance de psy.
j'avais peur que personne ne puisse m'aider
à me sentir mieux.
tu me manques et je suis paralysé*e*
depuis que tu n'es plus là.

comment parler pourra me faire accepter
que je ne te reverrai jamais
de toutes les années que j'ai encore
à vivre sur cette Terre ?
je refuse d'accepter ton absence.

20 novembre 2023

Aujourd'hui je me suis promis de venir te voir. Aujourd'hui je me suis promis de t'acheter des fleurs, de t'offrir encore un peu mon coeur, pendant un instant pour qu'on se retrouve encore un peu à deux.

Tous les matins je passe devant un fleuriste et chaque matin je me dis que les bouquets colorés dans la vitrine sont indignes de toi. Je n'arrive pas à me visualiser avec ses fleurs à la main et mon corps devant ta tombe. C'est la première fois que j'arrive à formuler ces mots : ta tombe. Moi qui aime tant prévoir à l'avance, visualiser mes journées, je n'arrive pas à me voir dans cet endroit, le cimetière. Ça me semble tellement impossible, de venir te voir dans cet endroit alors que nos journées, fût un temps, ressemblaient à un doux songe éloigné du monde et des mauvaises choses qui pouvaient arriver. Après ton enterrement, je ne suis plus jamais revenu*e* sur ta tombe, je n'étais ni capable de te parler ni capable de vouloir me rappeler qui nous étions quand tu étais encore là près de moi. Après ton enterrement, j'ai voulu faire semblant que tout allait bien, en façade, pour le monde, pour ne plus avoir aucune question, pour ne pas avoir à me justifier de tel ou tel comportement, pour ne pas inquiéter.

Mais je sentais mon coeur se briser, je sentais que je n'arrivais plus à affronter, je sentais que je ne maîtrisais plus rien, que j'avais peur, qu'il y avait en moi une explosion incompréhensible de tout un tas de sentiments contradictoires qui me brisaient de plus en plus au fil des jours. J'aurais aimé avoir une explication mais je me suis résignée, je n'en aurais jamais. Et rien ne me semblait réel, j'avais cette curieuse impression que tu étais partie en voyage et que tu allais revenir un jour, par surprise. Alors comment veux-tu que toi, si pleine de vie, si souriante, puisse être dans un endroit si froid ? Comment veux-tu que je puisse y croire et m'y résigner ?

Mais cette semaine je me suis fait une promesse, celle de venir te voir et je te promets que je serai là, cette semaine, avec toi.

Ne crois pas que je t'ai oubliée pendant tout ce temps, je n'avais plus d'énergie, j'étais vide.

Pardonne-moi.

- Je viendrai avec une lettre que je te déposerai, et je n'oublierai pas les fleurs.

la symphonie des silences

je me suis surpris*e* à me dire
que si je te portais des fleurs,
si je venais sur ta tombe,
peut-être que tu reviendrais
parce que je te manque aussi.

maya peters

il y a quelques jours
nous prenions un café ensemble,
on riait, on s'aimait, on partageait
et du jour au lendemain me voilà
en train d'acheter des fleurs
et de chercher où se trouve
ta tombe dans le cimetière.

25 novembre 2023

Je t'écris la lettre que je t'ai promise il y a quelques jours parce que je viens te voir demain. Je sais exactement ce que tu m'aurais dit si tu étais encore là : que j'attends toujours le dernier moment pour faire les choses. Oui, c'est vrai. Si tu avais été là je t'aurais dit que tu exagérais toujours tout, que tu n'étais content*e* de rien, que je fais du mieux que je peux.
Mais oui, tu as raison j'attends toujours le dernier moment parce que je n'arrive pas à bouger avant, j'ai toujours été comme ça, tu le sais bien. Alors tu vois, je me dis que tout n'est pas mort en moi, que certaines choses survivent encore, celles qui me définissent le mieux.

Donc je t'écris cette lettre que je te déposerai demain.
Je préfère écrire que parler, ça aussi tu l'as toujours su. Je ne peux pas parler parce que je ne comprends pas mes émotions, elles me submergent et me coupent la parole, elles ne veulent pas que je m'exprime, je suis esclave de leurs vagues, de leurs remous, de leur marrées hautes et marées basses.

Tu me manques et je ne te hais plus.

Un soir je rentrais à la maison comme tous les jours mais je sentais une odeur étrange dans la rue, je ressentais une atmosphère bizarre, tout me semblait irréel ou déconnecté de la réalité que j'ai toujours connue.

Et quand je suis rentrée à la maison et qu'on m'a dit que tu étais morte, j'ai cru que moi aussi j'étais en train de mourir. Je n'entendais plus rien, j'avais l'impression de me réveiller d'un long cauchemar, je ne savais plus distinguer ce qui était vrai et ce qui ne l'était pas. Et immédiatement après la peur : celle de ne plus te voir, de ne plus t'entendre, de me retrouver pour toujours seule, de ne plus parvenir à sortir de mon lit, de ne pas parvenir à arrêter les larmes.
Pour être honnête avec toi, après l'annonce de ta mort, je me suis occupée de ton enterrement parce que je voulais t'offrir une belle cérémonie, un bel au revoir, un bel hommage à ce que tu avais été et à ce que tu laisserais dans l'esprit des gens qui t'aimaient. Et après, j'ai dormi, pleuré et j'ai voulu oublier.

J'avais l'impression d'être en mode automatique, je ne me rappelle quasiment pas du mois précédent et pourtant, j'ai refusé les médicaments, j'ai refusé de m'enivrer pour oublier l'horreur de ma vie. Et tous les matins quand je sortais de mes songes j'oubliais que tu n'étais plus là. Alors, j'apprenais à nouveau ta mort tous les matins.

J'aurais voulu être capable de me battre mais je ne pouvais pas. C'est comme si toutes mes forces m'avaient lâchée, que mon corps ne voulait plus fonctionner.

J'avais besoin de te raconter tout cela parce que je veux que tu puisses comprendre pourquoi pendant un moment je t'ai haï. Je t'ai haï parce que d'une minute à l'autre, j'ai perdu *ma* personne.

J'ai perdu en un soupir toute la stabilité de mon monde. Je n'avais plus personne pour me rattraper. Comme seule réponse à la peur et à l'incompréhension, il y a eu la haine qui est juste une sensation de vide encore plus bruyante. Mais je voulais voir si j'étais encore capable de ressentir. Et ça m'a rassuré*e*.

Aujourd'hui, comme ça va un peu mieux, je veux te remercier. Te dire merci pour la personne que tu as été parce que sans toi je n'en serais pas là aujourd'hui, je n'aurais pas pu porter ce regard sur le monde, ni voir toute la beauté qui m'entoure. Parce que de toi, je garderai surtout cela : tu voyais la beauté partout où tu te trouvais, tu aimais profondément le monde et les gens. Ça te rendait magnifique, je ne crois pas pouvoir rencontrer encore une personne comme toi, tu étais profondément unique.

Alors merci, d'avoir existé, de m'avoir aimé*e*, d'avoir accepté de vivre de beaux moment à mes côtés et de me soutenir dans les moments les plus mauvais.

Et je veux encore te dire pardon parce que parfois j'ai honte de ce que je ressens à ton égard et je ne veux pas que tu puisses croire que je ne t'aime plus. C'est justement parce que je t'aime que j'ai honte, c'est justement parce que je t'aime que je suis en colère.

Et parfois j'aimerais ne plus t'aimer, ça serait moins douloureux.

- Je te laisse cette lettre, j'espère qu'il y a quelque part dans ce monde ou ailleurs où tu pourras la lire, la ressentir et savoir que je ne suis pas parti*e* et que je ne t'ai pas oublié*e*.

je ne sais pas si on en sort, de l'enfer

la symphonie des silences

je me rends compte seulement maintenant
à quel point je te trouvais magnifique.
et ce manque de beauté
laisse un grand vide dans mon coeur.
j'aimerais te revoir un seul court instant,
j'ai besoin de te dire « au revoir ».
j'en ai besoin pour que ton départ
me semble réel.

j'aurais dû te dire à quel point je t'aimais
quand tu étais encore vivante.
j'aurais du te dire à quel point je tenais à toi,
j'aurais dû passer plus de temps avec toi.

les regrets sont difficiles à accepter et à surmonter.

26 novembre 2023

Ça a été dur. Ça a même été très dur. L'angoisse n'avait jamais été aussi forte qu'aujourd'hui. Parce que aujourd'hui, j'ai pris conscience que tu étais mort*e* et que tu ne reviendrais jamais.

Et le vide m'a semblé immense, vertigineux. Où es-tu ? J'ai eu envie de hurler cette question dans le silence du cimetière. J'ai besoin de réponses : où es-tu ? Où puis-je venir te chercher ? Je refuse de penser qu'un un instant tout ce que tu as apporté au monde, tout ce que tu as apporté aux gens, tout ce que tu m'as apporté puisse disparaître. Je refuse de penser que ton éclat, ton rayonnement, ton sourire, le son de ton rire puissent ne plus jamais exister. Je ne peux pas l'accepter parce que cela voudrait dire que je ne sentirai plus jamais ta peau contre la mienne, je ne sentirai plus jamais ton parfum, je n'entendrai plus jamais le son de ta voix ni le bruit de tes pas, je ne goûterai plus jamais tes plats curieux que je te laissais cuisiner parce que ton sourire valait tout l'or du monde.

Je ne peux pas l'accepter. Rien ni personne ne m'a prévenu*e* qu'un jour tu allais partir et que je me retrouverai seul*e* à parler à du marbre.

Mais aujourd'hui, dans le silence, j'ai compris que tu étais mort*e* et que ce qui me semblait être un concept lointain était en fait ma pire douleur. Tu n'es plus là. Tu ne peux pas savoir à quel point j'ai peur. Tu ne peux pas savoir à quel point le choc a été violent aujourd'hui.

Au cimetière, j'ai essayé de te parler, de te sentir à mes côtés. Et dans la brise de vent, j'ai presque senti ta présence, à peine perceptible, à peine sensible. Je crois que ça m'a fait du bien et en même temps beaucoup de mal parce que je me suis rendue compte que je commençais à oublier ton visage, ta voix et ton odeur. Je commençais à t'oublier, tu commençais à m'échapper, le temps faisais son oeuvre.

Qui a dit que le temps guérissait tout ? Qui a dit que le temps refermait toutes les blessures et apaisait les peines ? Le temps t'arrache une nouvelle fois à moi, j'ai l'impression que tu es en train de mourir une deuxième fois. Combien de fois meurt-on dans une vie ?

Combien de fois doit-on faire le deuil ?

- Je t'ai laissé ma lettre comme un au revoir silencieux et moins douloureux.

la symphonie des silences

plus le temps passe et plus
je suis paralysé*e* par la peur.
celle ne n'avoir pas été assez présen*te*,
celle de t'avoir abandonné*e*,
celle de n'avoir pas assez profité
de la merveilleuse personne que tu étais,
celle de ne pas t'avoir assez aimé*e*.

c'est terrible de prendre conscience
qu'une personne qu'on aimait
ne reviendra jamais,
que la mort l'a emportée.

Décembre

1er décembre 2023

Encore un nouveau mois qui commence sans toi.

J'ai encore mal, très mal même mais je sens que cette douleur commence à changer, elle est moins vive, moins brûlante, moins piquante. Elle ne surgit plus pendant la nuit, les cauchemars ont laissé place au vide. Pour la première fois depuis ta mort, il y a des matins où je ne me suis pas réveillé*e* en pleurant et ce détail, si insignifiant soit-il me faire espérer qu'il existe encore quelque part un peu de paix.

Mais la douleur revient parfois, souvent. Ton image peut surgir partout : quand je me balade dans la rue, quand je bois un café, quand je lis un livre qui me plaît. Partout tu es là et je commence à comprendre de quelle manière nous pouvons sentir, ressentir une absence. Le bruit du monde est souvent recouvert par la bruit de ma peine. Ce n'est pas aujourd'hui que j'irai bien. Ce n'est pas demain que je serai en paix. Mais déjà hier, je sentais mon coeur s'alléger.

Je crains le mois de décembre. Quand tu étais là aussi je le craignais parce que je pensais souvent à toutes ces personnes seules, à toutes ces personnes endeuillées, à toutes ces personnes que les couleurs et les paillettes agressent parce que leur coeur est gelé et que ce n'est pas trois chansons et deux repas qui vont pouvoir apaiser les blessures. Et aujourd'hui je suis devenu*e* ces personnes et c'est moi que je plains, c'est pour moi que j'ai de la peine aujourd'hui. J'appréhende tout mais j'appréhende surtout la place qui restera désespérément vide autour de la table. J'appréhende les rires, les évocations des souvenirs, les conversations banales, l'évitement et le déni de ton absence. J'ai peur que tout le monde fasse semblant.

J'ai peur que tout le monde t'oublie : que pour ne pas souffrir on nie que tu as été à nos côtés toutes ces années. J'ai peur qu'on me demande de ne pas parler parce qu'il n'est pas correct un jour de fête de rappeler que la tristesse et le désespoir ne disparaissent pas derrière les guirlandes et les sapins.

J'ai peur mais j'essaye de me rassurer en me disant que tu seras à mes côtés. J'essaye de me dire que de là où tu es tu nous verras tous rassemblés et que tu seras content*e* pour nous tous, pour nous qui vivons encore et qui essayons d'avancer sans toi.

Tout me semblera vide, l'atmosphère ne sera plus la même. Dans mon coeur le 25 décembre ne sonnera plus jamais comme un jour de fête.

- Le vent froid de l'hiver cogne contre ma peine.

mon coeur est gelé

la symphonie des silences

toute la ville a revêtu son habit de fête,
les rues se sont parées de leurs plus belles couleurs,
la nuit est illuminée de mille guirlandes,
tout à l'air d'aller bien
- en apparence -
parce que dans mon coeur il fait toujours froid
et le vent de décembre n'est rien
comparé au blizzard qui sévit dans mon âme.

maya peters

ils ont de la chance
ceux qui peuvent être au complet
autour d'une table.

14 décembre 2023

Aujourd'hui j'ai réussi à retourner en cours. J'ai réussi à retourner dans le tumulte du monde, à me confronter aux autres, à accepter ta mort face aux autres et à commencer mon deuil.

Tu sais, depuis que tu es parti*e*, de nombreuses personnes ont essayé de m'expliquer ce qu'il fallait que je ressente. On m'a expliqué que je n'allais pas assez te voir, que je ne pleurais pas assez ou que je pleurais trop, qu'il fallait que je me ressaisisse, qu'il ne fallait surtout pas que je fasse de bêtise, qu'il ne fallait pas que je me drogue ni que je devienne alcoolique, qu'il ne fallait surtout pas que je reprenne la clope. On m'a dit, quelques jours après ta mort, qu'il était trop tôt pour que je reprenne une vie normale, d'autres au contraire m'ont dit que c'est ce que tu aurais voulu et qu'il fallait que je respecte cela. On a essayé de m'expliquer comment je devais gérer mes émotions, si je devais suivre une thérapie ou non. On a essayé de faire des choix à ma place, on a essayé de me faire taire pour ne pas que je prenne trop de place. Ils ont fait de moi une bombe à retardement qui sourit pendant que son coeur se brise et qui, tôt ou tard, finira par exploser, de colère et de regrets de les avoir écoutés et de ne pas avoir été assez fort*e* pour s'affirmer.

Je ne pense pas que tu m'en aurais voulu si j'avais fait des bêtises. Toi-même avant moi tu en avais fait, ça fait partie du chemin, des expériences qui forgent le caractère, des leçons silencieuses que la vie nous donne.

Je crois que j'aurais eu le droit de sortir du chemin, de m'éloigner un peu des choses biens. Je crois que j'aurais eu le droit de m'enivrer jusque'à oublier, juste le temps que la douleur n'infuse plus dans mon âme. J'aurais eu le droit et je ne l'ai pas pris parce qu'on a tellement décidé à ma place que je me suis oubli*ée*.

Aujourd'hui je suis retourné*e* en cours, j'ai croisé des visages familiers, certains, même, qui m'avaient manqué. Mais je sens bien que quelque chose a changé, que quelques regards sont anormalement appuyés, que des « bonjour » sonne comme des « pardon » et que rien ne me semble important, que rien ne me semble grave. Je marche dans le rue et je ne les entends pas, les gens autour de moi. Je marche dans la rue et je ne ressens rien. J'ai l'impression que tu es parti*e* avec toutes mes émotions ne me laissant que la raison.

- J'essaye d'être fort*e* pour toi, pour ton souvenir.

la symphonie des silences

j'ai l'impression que tout le monde
sait comment gérer un deuil,
que tout le monde comprend la peine que je ressens.
mais la vérité c'est que personne ne sait,
personne ne connaît le bruit d'un coeur qui se brise.
personne ne sait à quel point je souffre
et pourtant ils se permettent tous de donner leur avis.

je n'arrive plus à faire semblant d'aller bien,
je n'arrive pas à faire semblant
que ta mort ne m'a pas bris*é*e,
que j'ai l'espoir qu'un jour tout aille mieux.
je n'y arrive plus.

25 décembre 2023

Ça y est, ils sont tous là. Et aucun n'a parlé de toi. J'ai vu des larmes silencieuses, celles qui ne prennent pas trop de place, dans les yeux de certains mais personne ne prononce ton prénom, comme pour ne pas déranger ton sommeil, comme pour ne pas réveiller leur peine.

J'aurais aimé qu'on parle de toi, j'aurais aimé qu'on évoque les souvenirs, qu'on dise à quel point il était difficile de vivre avec ton souvenir. J'aurais aimé qu'on pleure tous ensemble, qu'on se prenne dans les bras et qu'on ne se lâche plus pour que l'amour imprègne la pièce. J'aurais aimé qu'on se comporte comme une famille normale, comme quand tu étais encore là, comme quand tu essayais de recoller les morceaux à la moindre dispute, comme quand tu essayais de réparer nos coeurs en un sourire.

J'aurais aimé qu'on vive ton absence autour de la table de cette manière aujourd'hui. Si tu savais à quel point tu me manques. Tu leurs manque aussi, je le sais bien, mais c'est difficile d'accepter le fait qu'ils ne veuillent pas t'évoquer. J'ai besoin que tu existes. Pour accepter ton absence, j'ai besoin que tu existes encore un peu avec nous. Je t'ai déposé d'autre fleurs hier, au cimetière, comme cadeau de Noël. Je voulais absolument le faire parce que tes cadeaux étaient les meilleurs, ils réchauffaient mon coeur à chaque fois que j'en ouvrais un. Ce n'était pas forcément les plus chers au pied du sapin mais ils étaient les plus précieux pour moi.

Deux mois que tu n'es plus là. J'ai l'impression que c'était hier et j'ai l'impression à la fois que c'était il y a des siècles. Quand les gens sont vivants on ne se rend pas compte de tous les moments qu'on rate avec eux mais quand ils ne sont plus là ces petits moments insignifiants de complicité ratés sont comme des lames de rasoir dans mon corps, dans mon coeur.

J'ai encore besoin, envie de te voir sourire autour de cette table. J'ai encore besoin, envie de te serrer dans mes bras.

Je voulais te dire aussi, hier soir ton téléphone s'est allumé, comme si tu avais reçu un sms. J'aime me dire que c'est toi qui m'a souhaité un Joyeux Noël.

la symphonie des silences

je sais que tu brilles quelque part dans la nuit,
dans le ciel sombre.
je me demande si c'est beau là-haut,
toi qui aimais tant voyager
j'espère qu'aujourd'hui tu vois le monde entier.

j'essaye de capturer et de garder pour moi
les petits signes que tu m'envoies.
j'aime croire que c'est toi qui me chuchote
dans le vacarme du monde
que tu ne m'oublies pas et que tu veilles sur moi.

31 décembre 2023

J'ai vraiment passé une journée étrange. Quand je me suis réveillé*e* ce matin, j'ai réalisé que pour la première fois j'allais vivre une nouvelle année sans toi. Et si tu savais seulement combien ça m'a brisé le coeur, combien je me suis senti*e* toute seul*e* dans l'immensité du monde et de ma peine. J'ai réalisé en me réveillant ce matin que plus jamais je ne te souhaiterai une bonne année, plus jamais je ne sentirai la douceur de tes bras à minuit ni l'odeur du champagne que tu renversais toujours sur moi quand tu dansais.

Te voir danser était la plus belle image de l'univers. Tu illuminais la pièce. Les gens étaient obligés de sourire, ton rire était communicatif, vibrant, solaire, immense. Même en pleine nuit il pouvait chasser les ombres, les rendre moins impressionnantes. C'est comme ça que tu avais tant de fois tué mon angoisse et que tu avais terrassé tous les monstres qui ne vivaient plus sous mon lit mais dans ma tête. Depuis que tu n'es plus là tout est redevenu sombre, les nuages sont revenus, tout est gris désormais.

Mais depuis quelques semaines je vais mieux, je sens que mon coeur s'apaise, que la colère commence à disparaître. J'arrive à te parler, à te confier ce qui me ronge et ce que tu as raté depuis ton départ. J'arrive à te parler des amis que j'ai perdus, des rencontres qui changent peu à peu ma vie parce que dans le chaos il y a toujours une lumière qui continue de briller, du monde que je ne comprends pas, des soirs d'angoisse, de mon combat, quotidien. J'arrive à te confier que ton absence me brise le coeur à chaque seconde, que je suis toujours tenté*e* de t'appeler, que je rêve encore souvent de toi, qu'au début ça me perturbait mais qu'aujourd'hui j'espère que c'est une visite, un « bonjour » discret que tu m'adresses depuis le ciel.

J'aime croire que tu brilles à côté des étoiles, que tu en es devenue une et que le soir, dans la nuit et la pénombre tu continues d'éclairer encore un peu le monde.

Je ne te le cache pas, j'ai choisi de rester à la maison ce soir parce que j'ai été forte pendant longtemps depuis que tu n'es plus là mais je n'ai pas encore le courage de célébrer un moment qu'on ne vit pas, qu'on ne vivra plus jamais ensemble. Ce soir je veux me souvenir de toi, garder espoir et penser à ce que nous étions.

Ce soir, je veux regarder les étoiles et me souvenir encore un de la couleur de tes yeux, de la douceur de tes cheveux, de l'odeur de ta peau.

Cette soirée, je veux la passer avec toi et pas avec le monde. Je ne veux pas danser, boire de l'alcool ni crier « bonne année ». Je ne veux rien de tout cela parce que malgré tout mon espoir et ma bonne volonté, mes rêves et mes désirs échoués, mon année ne sera pas belle, elle ne sera à la hauteur de mes attentes. Mon année ne sera pas belle parce que mon seul souhait serait que tu reviennes. Et je sais que c'est impossible, que c'est un joli songe.

Alors je ne veux pas faire semblant, je veux simplement du calme et du temps.

Mon étoile, ça sera la première année sans toi.

- Évidemment je t'aime et je ne t'oublie pas.

la symphonie des silences

j'ai peur du temps qui passe sans toi.
j'ai peur des nouvelles années qui se dessinent,
de tous les moment que nous aurions dû vivre à deux
et qu'on ne vivra jamais.

j'ai peur qu'un jour j'apprécie à nouveau la vie
et que cette vie soit toujours aussi vide de toi
et de ton sourire.

maya peters

quand j'ai entendu les rires dans la rue cette nuit,
ces rires alcoolisés, ces rires sincères, ces rires de joie,
j'ai ressenti de la peine pour tous ces gens
qui ne savent pas encore ce qui les attend.
j'ai eu de la peine pour eux
parce qu'ils n'ont pas encore souffert
et qu'un jour cette souffrance mordante les atteindra,
qu'elle sera à la fois vive et sournoise,
à la fois vive et silencieuse.

je leur souhaite de la paix et du courage.

Janvier

1er janvier 2024

Il existe peut-être un univers parallèle dans lequel nous sommes encore ensemble. Tu sais, j'ai toujours observé et vécu les évènements de cette manière. Certains diront que j'ai peur d'avancer, que j'ai peur du changement et de la nouveauté, d'autres y verront un enchantement du quotidien, de la poésie qui se trouve partout. Je ne sais pas ce que tu aurais pensé de tout ça, je n'ai pas eu le temps de t'en parler, je n'ai pas eu le temps de l'évoquer. Nous n'avons pas eu le temps d'en rire ou d'en pleurer. Il y a tellement de choses que nous n'avons pas encore eu le temps de faire et qui resteront bloquées dans cet univers parallèle.

Souvent, quand je ferme les yeux, j'imagine ce que pourrait être ma vie si j'avais choisi des chemins différents, si j'avais pris d'autres décisions, si le destin m'avait épargné*e* à certains moments ou si au contraire il avait choisi de me mettre à terre à d'autres instants.

Ça me rassure de savoir, de m'imaginer qu'il n'existe pas qu'un seul scénario, que quelque part dans ce vaste univers d'autres versions de nous existent, que j'espère plus heureuses, que j'espère plus épargnées, que j'espère plus sûres d'elles. Ça me rassure de me dire que quelque part dans ce vaste univers il existe encore un « nous », il existe encore une réalité où nous sommes deux et où ta mort n'a pas tout éteint autour de moi. J'espère que quelque part il existe un endroit où nous sommes en paix et où nous rions toujours des mêmes choses, où nous nous baladons encore main dans la main pour découvrir et changer le monde.

J'aime parfois penser que tout ce que je vis ici n'est qu'un scénario possible et qu'un jour il changera, qu'un jour il s'effacera et que tout redeviendra comme avant, qu'une meilleure version de notre vie existe, qu'elle n'est pas loin, que nous pouvons essayer de la trouver, de nous l'approprier.

Je n'arrive pas à m'habituer à la solitude, c'est plus fort que moi. Même si hier soir j'étais en paix, que je sentais que mon coeur était un peu plus léger, je n'ai pas réussi à trouver le sommeil et je ne voulais pas vivre ce passage à une nouvelle année, je ne voulais pas entendre les cris, les feux d'artifices, les rires, les « je t'aime », les « bonne année », tous ces mots que je t'aurais en temps normal adressés en priorité. Alors j'ai pris des somnifères et j'ai dormi, j'ai sombré et j'ai réussi à te retrouver dans mes rêves, c'était flou, c'était étrange mais tu étais là et c'était tout ce qui comptait.

- La réalité m'a encore une fois fait mal au réveil, je ne sentais pas ton parfum, je ne le sentirai plus jamais je le sais.

est-ce qu'il y a un monde où ta mort
n'a pas encore eu lieu ?

la symphonie des silences

j'ai comme l'impression
que mes rêves me trahissent,
comme le monde,
comme mon corps.
j'ai le sentiment de vivre
entre deux réalités
qui n'arrivent pas à s'accorder.

maya peters

mes larmes sont comme
la musique d'instruments mal accordés,
une symphonie qui finit dans un silence
lourd de sens, dénué d'attente.
elles coulent puis cessent,
ma peine oscille entre réalité et rêve.

16 janvier 2024

Ce mois me semble interminable. J'ai l'impression d'être la seule personne à ne pas être capable de bouger. J'ai l'affreuse impression d'être rest*ée* paralys*ée*, fig*ée* à jamais entre deux réalités.

Je vois le monde avancer, les autres faire des projets, s'accomplir ou en tout cas projeter de s'accomplir à plus ou moins court-terme. Je vois les listes déprimantes de « nouvelles résolutions » sur les réseaux sociaux, la reprise du travail qui semble être la meilleure nouvelle de l'année pour certains parce que « c'est l'occasion de réussir enfin sa vie ». Je vois tous les sourires et je n'arrive plus à distinguer le faux du vrai, le vrai du faux. Je ne distingue plus rien, je vis à peine, j'essaye de rester à la surface, autant que ton fantôme peut me le permettre. J'aimerais être ailleurs, seul*e*, enfin libér*ée* de l'injonction d'aller bien alors que je porte un masque depuis des semaines, depuis la seconde précise où tu es parti*e*, depuis la seconde précise où le mot « adieu » a pris tout son sens et à tout ravagé sur son passage. Alors, oui, c'est vrai, je vais mieux. Oui, c'est vrai, j'ai arrêté de pleurer dès que j'entendais quelqu'un prononcer ton prénom. Je suis sorti*e* de ma chambre, j'ai même réussi à faire mon lit et parfois, à sourire. Mais je ne vais pas bien, je n'irai plus jamais bien. Je demeurerai dans une sorte d'illusion ou plutôt mes proches demeureront dans une sorte d'illusion parce que je ne suis pas dupe, je sais que la douleur ne s'en ira pas, qu'elle ne me quittera pas, qu'elle n'aura aucune pitié face à ma peine, qu'elle ne me laissera jamais reprendre ce qu'ils appellent tous « une vie normale ». Parce que la normalité, dans une autre réalité, c'est ta présence à mes côtés et dans mon monde, cela n'existe plus.

J'ai l'impression que quelqu'un a décidé d'éteindre la lumière sur ma vie. Depuis, je suis plongée dans le noir complet et je demeure condamnée à chercher désespérément l'interrupteur qui me sépare de la lumière.

Est-ce qu'il fait noir là où tu te trouves ? Est-ce que tu vois quelque chose ? Est-que tu penses encore à moi ? Pour tout te dire, j'ai peur de ne jamais te laisser reposer en paix en me posant toutes ces questions, en essayant de m'adresser à toi, en t'écrivant ces lettres. Mais tu sais, j'essaye doucement de remonter à la surface et je n'ai trouvé que cela comme moyen. Alors, pardonne-moi si je m'y prends mal, si je te blesse, parfois je suis maladroite. Cela n'enlève rien à l'amour que je te porte, bien au contraire.

- J'essaye de continuer à te faire un peu vivre ici.

la symphonie des silences

où s'en vont nos souvenirs ?
où s'en vont les souvenirs et l'amour
à la mort de nos proches ?
deviennent-ils de la poussière d'étoiles ?

maya peters

depuis ta mort,
mes larmes ont le goût
des regrets et des souvenirs
qui se tairont à jamais.

Février

5 février 2024

Aujourd'hui je suis allée récupérer certaines de tes affaires. Et ça m'a fait bizarre. Parce que je me rends compte que je n'accepte pas, que je n'accepte rien.

J'ai l'affreuse impression que tous les évènements de ma vie, les décisions difficiles à prendre, la confrontation incessante entre ta vie et ta mort sont en train de te tuer des dizaines d'autre fois et ça m'est insupportable, ta mort m'est insupportable. Comment vais-je pouvoir affronter ? Comment vais-je pouvoir résister à l'ouragan de ton absence. J'ai peur de me laisser emporter et de sombrer. Aujourd'hui, quand je suis rentrée dans cet appartement, tout m'a semblé être à sa place. J'avais encore l'impression que tu étais là, quelque part, à attendre que je vienne te dire « bonjour », que je vienne te prendre dans mes bras. Tu étais partout et nulle part à la fois. Tu étais là, sans être là. Je crois que le fait d'être entrée dans cet appartement, de voir tes affaires, de voir la vie, celle qui t'appartenait encore il y a quelques mois a été la chose la plus douloureuse que j'ai vécu. C'était encore pire que ton enterrement. C'était encore pire que l'annonce de ta mort. C'était encore pire que tout. J'ai eu mal comme je n'avais jamais eu mal avant. J'ai compris pour la première fois ce que veut dire l'expression « sentir son coeur se briser ». J'ai cru qu'il l'était pour de bon, qu'il avait cessé de fonctionner, que moi aussi je pouvais enfin me reposer et arrêter de souffrir.

Je suis restée figée. Je ne pouvais plus bouger, je n'en avais pas la capacité.

J'ai senti ton odeur qui flottait, là, dans l'air. Ça m'a fait du bien parce que pendant un court instant j'ai eu l'impression que tout allait bien, que tout allait mieux. J'ai cru que tu étais là et que tes bras m'entouraient encore. J'ai cru que j'avais même entendu ton coeur battre à quelques centimètres seulement du mien. Mais ce n'était qu'une odeur, ce n'était que ton odeur, celle que j'avais oubliée si vite après ton départ, tout comme je crois que je commence à oublier ton visage.

Je n'ai récupéré que quelques photos et je t'ai regardé sourire, j'ai regardé ton visage et j'ai souri, moi aussi. Pour la première fois depuis ta mort mon sourire était sincère. Nous avons encore une fois souri ensemble parce que la mort n'enlève pas l'amour.

- Je t'aimerai quoi qu'il arrive et il ne peut rien arriver de pire.

Il ne peut rien arriver de pire n'est-ce pas ?

la symphonie des silences

je me suis senti*e* en dehors du monde
quand je suis rentré*e* pour la première fois chez toi
alors que la mort t'avait emporté*e*.
j'entendais pourtant encore ton rire,
je sentais pourtant encore ton odeur,
je te revoyais pourtant encore courir
à travers tout l'appartement.
mais tu n'étais plus là
et moi j'avais mal.

maya peters

j'ai gardé une photo de nous
pour me souvenir de ton visage
et de ton sourire
parce que te regarder
était un de mes passe-temps préféré
que la vie a décidé de m'enlever.

14 février 2024

La fête des amoureux. Je n'ai jamais su si tu aimais cette fête. On ne parlait pas de ça. On parlait de l'amour mais pas comme ça.

Aujourd'hui, quand j'ai vu tous ces coeurs amoureux, quand j'ai vu toutes ces roses, quand j'ai vu tout cet amour flotter dans l'air et emplir la ville d'un parfum de paix je me suis dis que tout ces gens avaient de la chance d'avoir encore à leurs côtés leurs âme soeur qu'elle soit amicale, familiale ou amoureuse. Moi je l'ai perdue et c'est dans ces jours que je vois, que j'expérimente à quel point ça fait mal. Pourtant, au-delà de la douleur, j'ai aussi ressenti de la paix aujourd'hui. Ta mort m'a enseignée quelque chose par sa brutalité : que la vie est trop courte et qu'il est toujours temps d'aimer.

Alors d'abord je suis venu*e* te voir, pour te porter à toi aussi une rose. Plus le temps passe, plus j'aime venir te déposer des fleurs, ça apaise mon coeur et mon âme parce que j'ai encore l'impression de prendre soin de toi comme je le peux. Je t'ai un peu parlé aussi, de choses et d'autres, de ce que j'avais envie de te confier parce qu'il y a certaines choses que je ne peux confier qu'à toi. Tu étais la seule personne qui ne me jugeait jamais, avec laquelle je me sentais pleinement en sécurité.

Puis j'ai porté des fleurs à toutes les personnes que j'aimais, à toutes celles qui m'ont aidé*e* à affronter ton absence, à toutes celles qui m'ont aidé*e* à me relever quand je n'avais plus la force de continuer à avancer, à toutes celles qui ont continué de m'aimer alors que j'étais devenu*e* détestable.

Je me suis isolée longtemps, j'ai aussi beaucoup pleuré mais il y a un jour où je devrai à nouveau accepter le bonheur et la paix. Et je sais que je n'irai pas mieux seule, que j'aurai besoin de soutien, d'amour et de bienveillance. Aujourd'hui j'ai accepté le fait que je pouvais aller mieux. J'ai fini aussi par m'offrir une fleur. En faisant des déclarations d'amour aux gens que j'aime, j'ai décidé également d'en faire une à la seule personne que je devrai supporter toute ma vie : moi-même.

J'ai décidé aujourd'hui qu'il était possible de guérir et que je le voulais, que j'en avais besoin, que je m'étais assez punie, perdue, fait du mal. J'ai décidé d'accepter à nouveau la douceur tout en essayant d'apprendre à vivre sans ta présence.

- Aujourd'hui je décide que la mort n'a pas gagné.

la symphonie des silences

après ta mort,
je pensais que plus rien ne serait possible,
que le bonheur serait inaccessible
mais aujourd'hui j'ai vu un rayon de lumière,
j'ai respiré et j'ai commencé à accepter
que le bonheur n'était pas que pour les autres.

maya peters

j'ai ma place aussi dans ce monde
et je veux que tu continues à vivre à travers moi,
je veux que ton sourire soit éternel,
que nos souvenirs ne s'effacent jamais,
que nous puissions continuer à exister.

Mars

7 mars 2024

Encore la même photo, posée là, sur ma table de chevet. J'ai fait le choix, malgré la douleur, de te voir le matin au réveil et le soir quand je m'endors, la tête remplie de rêves et de regrets. Et si tu pouvais savoir à quel point cette photo me fait mal, à quel point elle me terrasse, à quel point j'ai envie de te rejoindre dans les étoiles, dans ton ciel, quand je revois ce sourire que je ne pourrai jamais plus voir et aimer. Si tu pouvais savoir à quel point tu me manques.

Revoir ton visage me fait mal autant que cela me soulage. Dans ce visage, dans ce sourire figé, il y a l'éternité et le temps qui passe, il y a tous ces silences que j'aurais voulu plus bruyants et tous ces moments où nos voix ne suffisaient pas à dire à quel point nous nous aimions, un regard aurait suffit à tout dire. Tu sais, je ne veux pas te remplacer, je ne le pourrais pas, même si je le voulais, je ne pourrais pas parce que tu es unique, parce que notre relation était unique, parce que ton odeur est inimitable, parce que ton sourire solaire n'appartenait qu'à toi. Pourtant, le réconfort, l'amour, le sentiment d'être chez-soi j'ai réussi à le retrouver quelque part, dans les bras de quelqu'un d'autre. Et c'est peut-être cela qui me fait tenir aussi, qui me fait dire que l'espoir n'est pas tout à fait sans espoir, qu'il y a encore un endroit sur Terre où je peux essayer de trouver un bonheur relatif.

J'ai retrouvé la douceur, j'ai retrouvé l'ardeur de continuer ce voyage beau ou laid qu'est la vie. J'ai retrouvé l'envie d'espérer aux côtés d'une personne que j'aime, qui m'aide, qui m'épaule, qui m'accompagne.

J'ai à nouveau des rêves, des projets, des faux-pas et des victoires. J'ai retrouvé ces yeux qui me regardent avec fierté et émotion. J'ai retrouvé un semblant de famille avec laquelle je choisis d'avancer et d'accepter ce qu'il s'est passé. Je ne laisse pas les drames derrière moi, je les regarde toujours dans les yeux pour bien me souvenir de la douleur. Rien ne te remplacera pourtant. Cette photo est toujours là, elle le restera, tant que je serai vivant*e*, tant que je respirerai, tant que je pourrai rêver que ta main se pose encore sur mon épaule le soir quand je pleure à vouloir en mourir parce que ton départ m'a détruit*e*.

J'espère que tu es content*e* pour moi. J'espère que tu me regardes avec fierté.

- J'accepte enfin d'avancer et d'aimer.

ton visage restera pour toujours
dans un coin de ma tête

la symphonie des silences

j'ai trouvé des yeux différents des tiens
mais qui me crient d'y croire encore,
de tenir encore un peu et de vivre de belles choses,
qui me disent que la mort n'a pas tout emporté,
qu'il reste quelque part de la beauté dans le chaos.

maya peters

je pensais que ta mort avait
tout éteint autour de moi,
pourtant dans le ciel noir
les étoiles continuent de briller,
le soleil d'éclairer nos jours d'été.
la lumière ne s'est pas éteinte,
je ne savais simplement plus la voir.
j'aime croire que tu me guides
vers elle de là-haut.

30 mars 2024

Quelqu'un m'a un jour dit : « lui écrire l'empêche de reposer en paix ».

Mais ce qu'ils ne savent pas, c'est qu'en t'écrivant je guéris un peu plus chaque jour. Dans toutes ces lettres, il y a tous les mots que je n'ai jamais pu te dire, que je n'ai jamais pu prononcer parce que la vie ne m'en a pas laissé le temps, parce que je n'arrivais pas à te dire « je t'aime », parce que te serrer dans mes bras n'était pas un geste naturel, parce qu'entre nous il y avait de la tendresse, oui, mais pas de la tendresse démonstrative, pas de la tendresse visible.

Je pensais pourtant à toi avec tout l'amour qu'il fallait, je pensais à toi avec toutes les émotions qu'il fallait. Alors t'écrire est aujourd'hui pour moi le seul moyen de te le dire ce « je t'aime », de te le hurler, de le dire autant que je peux avant que mon souffle ne me quitte. Je veux qu'on se retrouve un jour et qu'enfin on se prenne dans les bras, qu'on se dise enfin tout ce qu'on a pu taire. Je veux te voir et pouvoir te dire avec la tête haute que j'ai vécu pour deux, que j'ai essayé de faire perdurer ton souvenir ici parce qu'il était trop tôt pour que tu partes, qu'on avait encore et follement besoin de toi, de ton insouciance, de ta tendresse et même de ton autorité et de ta colère.

En me libérant par ces lettres, je refuse de croire que je peux te faire du mal. Je refuse de croire que j'empêche quoi que ce soit.

Depuis que tu n'es plus là on m'a expliqué mille fois de quelle manière je devais agir, quelles larmes je devais taire et quels sourires je devais montrer. On m'a expliqué quelles bêtises la douleur avait le droit de me faire faire et quelle limite je ne devais pas dépasser parce qu'il serait terrible que j'impose aux autres ma tristesse. Et depuis que j'ai trouvé ma manière d'avancer, les soutiens nécéssaire à cette guérison, vous m'expliquez que je n'ai pas le droit d'aller mieux et comme ils n'ont plus aucune ressource pour me contrôler alors ils parlent de toi parce qu'ils savent à quel point ça me fait mal que quelqu'un parle à ta place. Ils essayent de m'atteindre avec ton prénom, avec ton absence. Ils essayent de tout anéantir alors que je ne suis déjà plus que poussière.

J'aimerais comprendre ce que cela leur apporte, de me voir hésiter, de me voir souffrir.

- J'ai parfois encore du mal à comprendre les gens.

j'ai un rêve :
voir les nuages gris de mon ciel s'éloigner
pour disparaître.

maya peters

pourquoi quand je parviens à aller un peu mieux
le monde essaye de me couper les ailes,
de m'empêcher de voler ?

Avril

5 avril 2024

Dis-moi, tu es part*ie* en voyage n'est-ce pas ? Là où tout est plus calme, où tout est plus beau, où tout est plus facile. Je te comprends, ici c'est pas marrant tous les jours. Ici les jours se déclinent en des nuances de gris, de noir et de blanc. Ici c'est brumeux, c'est ensoleillé, c'est mystérieux, c'est instable.

Je comprends que tu aies eu envie de changement, de découvrir le monde, de plus haut, voir ce qu'il y a au-dessus des nuages. Et j'espère que ce que tu vois aujourd'hui te plaît. J'espère qu'aujourd'hui tu as trouvé la paix, tu as trouvé les vrais sourires, que tu as tué tous les monstres du monde, que tu aimes l'univers pour sa beauté pure et merveilleuse.
Je t'imagine en voyage parce que je t'ai toujours conn*ue* libre et confian*te*, dans tes gestes, dans tes regards, dans tes paroles.
Je t'imagine en voyage parce que j'aimais nos escapades et rêves d'enfants qui se perdaient dans les écumes des vagues ou dans la brise d'un vent étranger.

Je veux t'imaginer libre parce que cela efface un peu les tempêtes de mon esprit, ça efface la souffrance, ça efface les regrets, ça efface le temps, ça me donne l'éternité en un souffle.

Ça m'enlève un poids d'imaginer un avenir meilleur pour toi, ça me donne des rêves de grandeur, avec des couleurs. Imaginer me donne envie de me battre contre les mauvaises choses de cette vie. Rêver a toujours été mon moteur, notre moteur, c'est grâce à ça qu'on avançait et je refuse que la mort me prenne encore quelque chose que j'aime. Je refuse de continuer de souffrir sans essayer de me battre. J'ai voulu baisser les bras, arrêter de croire. J'ai voulu arrêter de me battre pour me laisser mourir, pour me laisser m'échouer dans une mer de brume, dans des endroits d'où personne ne revient,
on le sait bien.

Rêver est un acte de révolte contre la mort. Rêver est un acte de révolte contre la douleur. Rêver est un acte de révolte contre la vie.

Je n'ai rien demandé, tu n'as rien demandé et pourtant nous avons été bris*ées*.

- Alors je veux juste un peu de paix.

je veux

juste

un peu

respirer

la symphonie des silences

je ne me sens pas légitime
parce que j'ai l'impression de n'avoir pas
été assez présent*e* pour toi
quand tu avais besoin de moi,
j'ai l'impression de ne pas être assez,
j'ai l'impression de toujours décevoir
et aujourd'hui je ne peux plus me rattraper
parce que ce monde t'a effacé*e* pour toujours.

maya peters

.

un voyage,
c'est une belle version de l'histoire,
plus belle que la mort.

20 avril 2024

Je choisis de ne plus me taire. Je choisis de ne plus protéger les autres, de ne plus protéger le monde parce que je souffre, parce que je suis en train de m'éteindre, parce que tout me fait mal depuis ton départ. Je n'ai plus envie de nier ma souffrance.

J'ai envie de me sentir à nouveau libre et pour cela je vais ouvrir ma gueule, crier à quel point je souffre, rire à ton souvenir, me libérer de tout ce qui m'enchaîne au passé. Moi aussi j'ai souffert, moi aussi j'ai des choses à dire. Je la ferme parce que j'ai peur de mal faire alors je trouve d'autre solutions pour oublier, en me faisant du mal à moi. Oui j'ai mal parce que c'est une ouragan qui est entré dans ma vie. J'ai mal parce qu'il a tout dévasté, en ne me laissant que les décombres pour consolation. Oui j'ai mal parce que depuis j'observe les ruines, les larmes aux yeux, en me demandant comment une choses pareille est possible, comme cela a pu m'arriver, nous arriver. Oui j'ai mal parce que je n'aurais jamais pu imaginer que ma maison puisse être un jour détruite avec violence, du jour au lendemain.

Oui j'ai mal.

Oui j'ai envie de tout envoyer balader, souvent.

Oui j'ai envie de me faire du mal, souvent.

Oui, j'aimerais te revoir.

Mais non je n'abandonnerai pas ma course vers le bonheur, vers un destin meilleur. J'ai besoin de me libérer et je n'attends désormais plus aucune bénédiction pour exister. Parce que nier ma peine revient à me nier moi aussi et je refuse de me tuer. Je me suis déjà tué*e* trop de fois au cours de mon existence parce que je pensais que le bonheur des autres était plus important que le mien, parce que je pensais que les autres étaient plus importants que moi. C'est faux. Prendre soin des autres commence par prendre soin de moi. Je choisis d'être ma priorité parce que ça fait plusieurs mois que je me suis oublié*e* et j'ai besoin de me retrouver.

- J'espère que ça ne fait pas de moi une mauvaise personne.

la symphonie des silences

je me suis effac*ée* du monde
parce que je pensais que les autres
souffraient plus que moi,
je pensais être égoïste si je ne pensais qu'à moi,
si je prenais soin de moi
mais moi aussi je souffre
et je crois que les autres
l'ont oublié alors que moi
je ne les ai pas oubliés, eux.

pardon parfois d'être incapable
de prendre soin de vous
mais j'ai regardé la mort dans les yeux
et aujourd'hui j'ai besoin d'air et de paix.

Mai

9 mai 2024

Il commence à faire beau, je recommence à entendre les oiseaux chanter. Je recommencer à voir le soleil, le printemps, l'été, cette saison que tu aimais tant. Dès que les premiers rayons du soleil se faisaient plus chauds, plus brillants, je te voyais courir comme une enfant au dehors, tu partais, tu profitais du monde qui semblait être ta maison.

Je crois que depuis toi, je n'ai plus jamais croisé la route d'une personne aussi vivante, je veux dire aussi sincère, aussi pleine de vie, aussi animée par un je-ne-sais-quoi qui te rendait irrésistible. Bien sûr que la vie t'aimait, comment aurait-il pu en être autrement. C'est peut-être aussi pour cela que le malheur et la mort ont été attirés par toi, par ton charme, par ton charisme solaire qui aurait pu déplacer des montagnes. Je divague, je dis n'importe quoi. Mais il faut m'excuser, je panique, j'ai peur de vivre mon premier été de solitude, de côtoyer toute cette chaleur alors qu'il fait si froid à l'intérieur de mon être. La peur ça fait faire n'importe quoi, ça fait dire n'importe quoi.

Mais tu vois, je n'arrive pas à me voir seule à la terrasse d'un café ou en train de profiter du soleil à l'heure du déjeuner. Je ne me vois pas partir pour aller à la mer aux petites heures du matin parce qu'il n'y aura plus personne pour venir me réveiller et m'obliger à me lever. Je ne pourrais plus râler que le sable me colle aux pieds et que je déteste ça. Tu ne pourras plus me crier à quel point je suis chiante et que la prochaine fois tu viendras seule, parce qu'il n'y aura pas de prochaine fois.

La prochaine fois, c'était la dernière fois, il y a un an. Il y a un an, j'aurais dû me taire et te regarder profiter des vagues. Il y a un an, j'aurais dû rester plus longtemps pour profiter de te voir courir, chanter et danser comme si plus rien d'autre ne comptait. Il y a un an, j'aurais pourtant imaginé que tu serais encore avec moi, à mes côtés.

On ne peut rien prévoir, je le sais bien, je le sais désormais mieux que n'importe qui. Pourtant j'aurais aimé prévoir ta mort, j'aurais aimé savoir m'y préparer, pour mieux profiter avec toi. J'aurais pu rater quelques cours, annuler quelques rendez-vous, voir mes amis plus tard parce que eux sont encore là aujourd'hui.

- Mais dans la vie on ne prévoit rien, je le sais bien.

Je t'aime, c'est tout.

la symphonie des silences

je n'ai pas vu la catastrophe arriver,
je n'ai pas ressenti le danger
pourtant imminent,
de te voir disparaître à jamais.

je ne sais pas ce que je te dirais
si je te revoyais, ne serait-ce qu'un cours instant .
je pense que cet échange serait doux et silencieux,
un regard, un sourire tendre,
une étreinte qui dit toute la beauté du monde.
une révolte silencieuse contre la mort.

22 mai 2024

Plus rien ne me touche, plus rien ne m'émeut, plus rien ne me fait vibrer comme avant. J'ai l'impression d'avoir tout vu, tout expérimenter, qu'il ne me reste plus aucun monstre à tuer, que toutes mes peurs se sont envolées.

Même devant la beauté je ne m'émeus plus, parce que j'ai vu la douleur de trop près, j'ai trop flirté avec le vide, avec les abysses, j'ai vu la mort en face, la vie qui s'évaporait de tes yeux. Et un peu de ma vie s'en est allée avec. Un peu de ma vie est partie te rejoindre dans le ciel étoilé qui couvre le monde quand vient le soir. Un peu de ma vie est partie avec toi. En partant, mes émotions se sont senties orphelines et, prises de panique, ont décidé de faire le grand voyage avec toi. Je ne trouve que cela comme explication. Sinon, pourquoi le monde me serait devenu si fade ? Pourquoi mes émotions ne serait-elle pas revenues ? Pourquoi est-ce que je dois encore me battre pour faire semblant parce que si ça ne tenait qu'à moi je resterais de marbre, tout le temps ?

Plus rien ne me semble grave, je me sens pleinement armé*e* face à la vie, je me sens en complète harmonie face à mes désirs, à mes choix et mes convictions.
Il était loin ce temps, ce temps de l'innocence, celui où je me sentais bien, serein*e*. La vie a tout emporté sur son passage. Pourtant, je ne ressens plus l'amour et la joie, je ne ressens que des bribes, des échos de la vie. Tout résonne, je tourne en rond dans la ville, à pieds, j'ai peur de tomber, de trébucher et de ne plus savoir me relever. Est-ce que j'aurais encore assez de force demain pour continuer à vivre ?

Il y a des jours où je vais mieux et il y en a de plus en plus. Mais ça me fait peur d'aller bien, de ne plus avoir besoin de t'écrire quotidiennement, de ne plus laisser mon esprit voguer dans la mer immense de nos souvenirs. J'ai peur de te laisser partir complètement. Quand je pense à toi, quand je pleure ou quand je souris en repensant à ton visage et à ta douceur, c'est comme si je tissais un fil de laine discret entre le monde des morts et le monde des vivants. Comme si je te rattachais un peu à cette Terre parce que, sans cela, tout disparaîtrais et je ne m'en relèverais pas.

- J'ai besoin de continuer à te retenir encore un peu ici.

la symphonie des silences

j'aimerais savoir à quoi
ressemble ton monde aujourd'hui
j'aimerais t'entendre dire que tout va bien
que tu te sens en paix
et que je tu ne regrettes rien
j'aimerais savoir si tu vas bien
te l'entendre dire
pour être à mon tour en paix.

maya peters

j'espère que le paradis existe
parce tu en serais la plus belle fleur
ta mort a rendu éternelle ta beauté
les étoiles de mon ciel brillent plus fort
depuis que tu es parti*e*
elles ont parmi elles une supernova
qui a éclairé mon monde
et qui éclaire désormais mon ciel.

Juin

7 juin 2024

La chaleur commence à revenir de nouveau. Tu n'aimais pas vraiment l'été. Tu aimais les orages et le mauvais temps. Ça te plaisait de rester à la maison pendant que le monde hurlait dehors. Mais moi, j'ai toujours aimé le soleil et la chaleur, le beau et la vie qui reprenait dehors à l'approche des vacances. Tu n'aimais pas la foule, ni les enfants qui criaient dans les vagues au bord de mer. Tu préférais les endroits un peu perdus, proches de la nature, du calme et du silence. J'aimais te rappeler que j'adorais cela alors que tu détestais parce que ça me faisait rire de t'entendre raler, refuser puis céder. On finissait toujours pas aller au bord de mer en plein été mais surtout au moins de juin, ça faisait un bon compromis. Il n'y avait pas encore assez de monde pour que tu me jettes des regards noirs et j'étais juste bien avec toi près des vagues et du sel.

Maintenant, le seul sel que je sens sur mes lèvres, c'est celui de mes larmes et je ne m'habitue pas à ce goût amer et si doux. Ça a le goût des souvenirs que nous ne pourrons jamais nous créer. Et je déteste l'été, depuis que tu n'es plus là pour le haïr. Je déteste l'été parce qu'il me fait penser à toi.
J'aimerais l'apprécier pourtant, revivre un coucher de soleil face à la mer sans pleurer, en me souvenant de toi avec légèreté et tendresse. Mais je n'arrive pas encore à être en paix, c'est trop tôt. Je n'accepte pas encore que la vie continue sans toi. Je ne veux emmener personne d'autre à la mer avec moi. J'ai des fragments de souvenirs coincés dans les yeux et je ne vois l'existence que par ce filtre étrange qui recouvre mon regard.

Le monde est froid même à l'aube de l'été et rien ne pourra faire fondre le verglas qui glisse sous mes semelles, qui me fait tomber.

Je tombe sans cesse.
Tu n'es plus là pour me rattraper.
Je tombe et je me blesse.

Ta mort m'a définitivement mise à terre.

Personne ne parviendra à me relever.

- Il faut que je trouve cette force en moi.

Je me relèverai, j'y arriverai

la symphonie des silences

rendez-moi ma personne
la seule qui me faisait rire
et avec laquelle je me sentais vivant*e*

pourquoi n'ai-je plus le droit de te voir ?
pourquoi la vie a décidé de t'arracher à moi ?

maya peters

le monde est froid
rien ne parvient à le rendre plus chaleureux
depuis que ta présence a quitté les lieux
j'essaye pourtant d'y redonner un sens
mais il manque ton regard
pour le rendre parfait.

26 juin 2024

Je connais tout du deuil. J'en ai entendu toutes les étapes, encore et encore, inlassablement. Je connais tout du deuil mais je ne savais pas que ta voix ne disparaîtrait jamais de ma tête, que je l'entendrais tout le temps. Pourtant tu es encore absent*e* de mes rêves.

J'ai lu un jour dans un livre « ce que je sais de toi, tout de cette vie, qui continue sans moi ». Et cette phrase m'a percuté*e*, m'a bless*ée*. Parce que je ne sais plus rien de toi. Tu es rest*ée* fig*ée* dans le temps comme un rêve qui aurait un jour traversé mon esprit et qui depuis est resté flou. Et je n'arrive pas à reconstituer ce rêve, je n'arrive pas à me rappeler des détails, ni exactement de ton visage. Mais bien que je ne connaisse pas tout, cette vie, effectivement, continue sans moi. J'ai raté le train, je suis descendu*e* à quai et je regarde tout le monde partir en ne pouvant plus bouger. Je suis rest*ée* avec toi quelque part entre le rêve et la réalité pour ne pas déranger le fragile équilibre du monde et du songe. J'essaye de faire le moins de bruit possible pour ne pas faire taire ta voix dans mon esprit. Elle est la seule chose qui me reste de toi et elle s'est réveill*ée* il y a peu. Elle m'accompagne à chaque instant, elle se fait maîtresse de ma conscience. Elle essaye de me montrer le bon chemin, parce qu'il ne faut pas que je m'égare, il faut que j'avance. Mais je sens que je n'y arrive plus. Que je vais peut-être même sombrer dans la folie.

Ta voix m'empêche de vivre parce que je ne sais plus ce que tu aimerais ou non. Parce que je ne sais plus si tu serais content*e* de moi ou pas. Peut-être que tu détesterais la personne que je deviens, les choix que je fais, les personnes que je fréquente, les endroits où je vais, le travail que j'exerce.

Peut-être que tu détesterais tout de moi. Et je n'ai aucun moyen de le savoir puisque tu n'es plus là pour me le dire. Je fais des choix à l'aveugle en priant pour un signe. Un signe qui ne vient jamais. Un silence qui demeure.

Je déteste tout de cette vie qui continue sans toi parce que rien ne te ressemble. Et pourtant je te cherche dans tous les visages du monde. Je te cherche dans chaque personne que je rencontre. Je te cherche dans chaque livre que je lis, dans chaque musique que j'écoute, dans chaque sculpture que j'observe, dans chaque ville que je découvre. J'espère reconnaître ton parfum, ta voix ou quelque chose qui me fasse penser à toi. Je cherche un peu de réconfort dans un monde vide de ta présence.

- Et rien ne parvient à te remplacer.

la symphonie des silences

j'espérais qu'un jour
quelqu'un te ressemble
et m'apporte ce réconfort et cette paix
mais la mort a tout arraché
à mon quotidien

mais personne n'est toi
personne ne le sera jamais
personne n'aura ta chaleur
ni ton sourire
encore moins ton rire

si unique.

maya peters

j'essaye de te rejoindre la nuit
à la lisière d'un monde que je connais pas
dans l'espoir que tu m'y rejoignes
et que je puisse une dernière fois te voir

mais je ne rêve plus depuis que tu n'es plus là
je ne dors plus
je pleure dans mes draps
en attendant que le soleil se lève

ta mort m'a fait devenir insomniaque.

Juillet

11 juillet 2024

Je me rends compte petit à petit avec l'été qui s'installe et la chaleur qui se fait de plus en plus présente de la chance que j'ai d'être entour*e* même si ce n'est pas par ta présence.

Parce que j'ai encore des proches que la mort n'a pas fait fuir. J'ai encore des proches qui veulent me sauver des ténèbres. J'ai encore des choses à accomplir, des objectifs à me fixer. J'ai encore des gens à aimer. J'ai eu l'impression que quand tu étais parti*e*, tu avais emporté avec toi tout l'amour du monde, le tien mais aussi le mien, que je n'étais plus capable d'aimer, que mon coeur resterait désespérément sans vie, lui aussi.

J'ai espéré des nuits entières pouvoir raviver mes émotions, j'ai essayé de me persuader que ça allait aller, que ce n'était l'affaire que de quelques semaines, que de quelques mois. Mais le deuil n'a pas de durée déterminée - malheureusement - et j'avais oublié que seul*e*, on arrive à rien, ce n'est même pas la peine de commencer à gravir la montagne si personne ne vous aide pendant l'ascension, si personne ne vous encourage d'en-bas et si personne ne vous attend en haut. Mais tout cela, je l'avais oublié, et j'espérais que ça irait. C'était naïf mais j'avais besoin de cette naïveté, de cet instant de silence après la tempête. Je pensais pouvoir m'en sortir seul*e*. Je pensais avoir besoin de le faire seul*e*. Mais la seule chose dont j'avais besoin, c'était de me sentir à nouveau important*e* pour quelqu'un, d'avoir à nouveau envie de me lever le matin pour me sentir utile, faire sourire les gens que j'aime, réaliser des rêves, ne plus vivre en attendant que quelque chose se passe.

Je ne sais pas s'il sera à nouveau léger de vivre un jour. Je ne le sais pas et je pense ne plus vouloir le savoir, vivre un peu au jour le jour en me laissant le temps et le droit d'échouer, en acceptant que tout n'est pas parfait et que je ferai des erreurs. J'essaye de réapprendre à marcher parce que depuis que tu n'es plus là, je ne sais plus tenir debout et le monde me semble être un endroit hostile. Mais tu sais, j'ai honte de te le dire mais je suis encore aimé*e*, je suis encore assez bien pour être aimé*e*. Je me sens bien dans ses bras, je me sens légitime dans ses yeux. J'aime me sentir encore un peu vivan*te* et importan*te*. J'avais parfois l'impression d'être mor*te* avec toi ce jour-là.

- J'essaye de me rappeler ce que veut dire vivre.

la culpabilité est un fardeau
bien trop lourd à porter

la symphonie des silences

après ta mort,
j'ai voulu oublier le monde
parce que rien ne me semblait
plus important que tes yeux
et ils s'étaient fermés à jamais
plus jamais je ne verrai ton regard
alors à quoi bon continuer de vivre
dans un monde où je chercherai ton regard
sans plus jamais pouvoir le trouver ?

maya peters

la solitude
n'est pas un remède au deuil

ils me l'ont dit

et ils ont commencé
à réparer ce qui n'avaient pas été brisé
par leurs mains.

30 juillet 2024

J'ai lu un autre livre qui m'a fait penser à toi. J'ai écouté une autre musique dans laquelle tu étais dans chaque parole. Je suis allé*e* me balader en ville et la brise de vent m'a chuchoté ton prénom.

Mais j'ai moins mal.

Je ne vais pas te mentir en te disant que je ne ressens plus rien. C'est faux. Dès que j'entends ton prénom, mon coeur menace de s'arrêter de battre. Il y a encore des nuits où je ne dors pas, d'autres où je me réveille en sursaut revivant la terrible annonce de ta perte.

Mais j'ai moins mal.

Et j'arrive à apprécier un banal jour d'été dans ma ville, en me promenant et même en songeant à ce que je ferai demain. Parce qu'il y a un demain. Parce qu'il y aura encore un demain. Même si tu n'es plus là. Même si j'aimerais que « demain » rime avec toi. Il y a et aura quand même un autre coucher de soleil, une autre nuit, un autre espoir. Et je ne peux pas me permettre de ne pas y croire, je ne peux plus rater une seconde de vie, un espoir de survivre à ton absence. Il y a encore des rencontres que je n'ai pas eu le temps de faire, des évènements que je n'ai pas eu le temps de célébrer, des pertes que je ne n'ai pas eu le temps de pleurer. J'ai encore trop d'amour à donner. Trop d'émotions à vivre. J'ai encore trop de mots à semer, de conversations à mener à la terrasses de cafés. J'ai encore trop d'erreurs à faire, de fou rire à vivre avec les gens que j'aime.

Je veux que tu vives à travers moi. Je veux voyager dans tous les endroits que tu ne connais pas pour que le monde sache à quel point tu étais important*e*. Je veux que le monde se rappelle de ta présence et de tout ce que tu as fait de bien. Je veux te maintenir encore un peu ici parce que tu as manqué de temps.

Je veux que tu puisses m'accompagner encore un peu dans cette vie où le mot de « douleur » a tant de fois raisonné.

Je veux que tu restes. Encore un peu à travers moi.

- Mon coeur battra pour deux.

la symphonie des silences

j'espère que les rencontres
qu'il me reste à faire
seront à la hauteur
de la joie que tu m'as apportée
et pourront combler
un peu l'absence
que tu as laissée en partant

ce jour-là.

maya peters

j'aimerais te donner plus de temps
échanger un peu l'horloge de nos existences
pour te laisser une chance
de découvrir encore
ce que tu n'as pas eu le temps de découvrir,
d'aimer ceux que tu n'as pas pu aimer
de pleurer ce que tu n'as pas pu pleurer.

Août

03 août 2024

Je n'étais pas là quand ton coeur s'est arrêté. Je n'étais pas là pour te serrer la main et te dire que ça allait aller. Je n'étais pas là.

Et tu sais, j'aurais aimé l'être parce que chaque jour je regrette de ne pas avoir été la dernière personne que tu aies vu. J'aurais aimé être ton dernier regard, rest*ée* à jamais grav*ée* dans ta mémoire pour l'éternité. Il paraît que juste avant de mourir nous revoyons les plus beaux instants de notre existence. Est-ce que tu m'as vu*e* ? Est-ce que j'ai été une de ces images qui ont défilé dans ton esprit ? Est-ce que j'ai eu ma place quelque part dans ce bilan ? J'aimerais le savoir pour être plus en paix avec le fait que je n'ai pas été là. J'espère que j'ai eu ma place quelque part à tes côtés, que j'ai pu tout de même un peu t'accompagner.

Je ne sais pas ce que j'aurais fait si j'avais été là, ni même si ça m'aurait aid*ée* aujourd'hui. Peut-être que j'aurais été encore plus triste, plus désespér*ée*, que je n'aurais pas voulu te laisser partir, que je me serais battu*e* pour que tu restes. Je crois que je ne m'en serais pas remis*e* si j'avais assisté à ton départ. Me sentir aussi impuissant*e* face à quelque chose de si grand m'aurait sûrement bris*ée* un peu plus. Mais on a toujours tendance à se dire qu'on en a pas fait assez, qu'on aurait dû en faire plus, qu'on a été lâche ou inconséquent, qu'on a pas compris l'ampleur de la situation.

Aujourd'hui, je veux juste te dire pardon. Parce que même si je ne t'ai pas fait de mal, nous n'avons pas pu avoir notre dernière conversation, nous n'avons pas pu nous dire au revoir, je n'ai pas pu te dire à quel point tu étais important*e* pour moi.

A quel point tu jouais un rôle central dans mon existence.
J'aurais aussi aimé te dire que c'est pas grave, les disputes, les mots de trop, tout ce que je ne pensais pas et que je t'ai dit, tous ces soirs où on s'est couché*es* sans se parler ni même se pardonner. On s'en moque des désaccords et des maladresses. J'aurais aimé te dire que tout ce qui comptait, c'était nous et rien d'autre.

Tu étais la douceur de mon existence.
Et je n'ai pas été capable d'être celle de ta mort.

- Pardon, encore.

je me sens tellement coupable

la symphonie des silences

j'aurais aimé
sentir la vie qui partait de ton corps
parce que ça aurait voulu dire
que j'étais à tes côtés pour t'accompagner
dans cette épreuve
j'aurais aimé l'être pourtant

mais la vie en a décidé autrement.

maya peters

il paraît que nous revoyons
les meilleurs moments de nos vies
la minute qu'il nous reste avant de mourir
je ne sais pas si j'ai fait partie de cette minute
si mon visage était quelque part dans ta mémoire

mais je peux te promettre que ton visage
sera dans la mienne, de minute

ça sera ma manière de te dire
que je ne t'ai jamais oubli*ée*

que la mort ne nous a pas tout à fait sépar*ées*
puisqu'on se retrouve dans l'éternité.

27 août 2024

Je reviens de vacances. Je suis part*ie* quelques temps dans un endroit que tu ne connaissais pas - je crois -.

Face à la mer dans ce lieu vierge de ta présence, j'ai déposé une bougie et une rose face à l'océan. Parce que je veux que ta lumière inonde le paysage. Parce que je veux que ta douceur irradie dans le ciel orangé de cette soirée d'été. Parce que j'espère que depuis un de tes nombreux nuages, tu as pu me voir faire ça, pour toi.

En revenant, le monde me semblait encore plus vide, mais je m'y étais préparé*e*. J'avais anticipé ce vide qui allait m'irradier le coeur, faire ressortir toute la souffrance de ton absence. Aujourd'hui je suis venu*e* au cimetière, te rendre visite, essayer de combler cette absence. Je t'ai parlé, longtemps, de tout, de rien, de la vie, de moi, de ton souvenir. Je t'ai parlé pour essayé de faire taire ce que je ne comprenais pas tout à fait mais qu'aujourd'hui j'arrive de mieux en mieux à saisir dans le silence que tu as laissé derrière toi. Je vais mieux et je me sens plus en paix avec mon chagrin.

Je ne savais plus à quoi ressemblait une vie calme, je ne savais plus ce que c'était que de vivre sans tourment, sans ce chagrin qui broie le coeur et qui réduit à néant tout espoir d'un jour aller mieux. Te parler aujourd'hui a été facile et beaucoup moins douloureux que ce à quoi je m'attendais. C'était doux comme un moment hors du temps. Un moment rien qu'à nous, un moment qui nous appartient et dont nous gardons le secret.

Aujourd'hui et pour la première fois depuis presque un an, j'ai ressenti ta présence à mes côtés et je n'ai pas eu peur, je n'ai pas eu mal. J'ai été soulagée de te sentir encore près de moi. Tout le poids que je portais depuis bien longtemps sur mes épaules s'est envolé, j'ai senti celui aussi de mon coeur partir. Tu es là, juste à côté de moi et j'ai pu dans un chuchotement te le murmurer cet « au revoir » que tu mérites. J'ai pu te le dire, tu as pu l'entendre, j'en suis certaine. Nous l'avons eu notre dernière conversation, celle où se dit tout. Celle où à la fin je te laisse partir pour de bon, où j'arrête d'essayer de te retenir par désespoir, par tristesse de ne pas savoir quoi faire sans toi. J'ai senti que c'était le moment de te laisser à ta nouvelle vie qui ne me concerne plus. En te murmurant cet « au revoir », je me suis aussi délestée de toute cette culpabilité que je portais et qui me rongeait. J'ai choisi la vie en te laissant partir.

- Nous nous retrouverons un jour, je te le promets.

la symphonie des silences

pour la première fois depuis ton décès
je t'ai sentie un peu à mes côtés
et les gens peuvent trouver ça terrifiant

pour moi
c'était le plus beau cadeau
que tu puisses me faire

avoir l'impression que la mort n'existe pas - plus -.

maya peters

j'ai mis du temps à lâcher prise
à accepter que c'était fini
que plus jamais
tu ne viendrais prendre un café avec moi
ou fêter nos plus belles réussites ensemble
j'avais encore besoin d'y croire
comme dans un rêve

mais le rêve n'est que provisoire.

Septembre

14 septembre 2024

J'essaye de nous rendre immortel*les*. En nous écrivant, j'espère que nos voix résonneront dans l'immensité de l'éternité, que quelqu'un, quelque part, trouvera ces bouts de papiers quelques centaines d'années après et se souviendra que nous aurons existé et à quel point ta perte a été mon drame.

J'ai besoin qu'on se souvienne de nous, qu'on se souvienne de toi. J'espère qu'on saura pourquoi je t'ai tant pleuré. Ça m'aide, de déposer ce bagage qui est bien trop lourd pour moi. Ça m'aide de libérer de toute cette tristesse. Je ne sais pas si je suis guéri*e*, je ne pense pas l'être, je ne pense pas que je puisse l'être un jour. On ne se remet pas de cette tempête. J'ai le coeur brisé et je n'ai pas trouvé une colle assez forte pour le réparer, pour empêcher les cicatrices de se réouvrirent. Elles n'arrêtent pas de me blesser, encore et encore. Et j'ai l'impression que cette souffrance sera toujours un peu là, qu'elle fera toujours un peu partie de moi, qu'elle me définira. Alors j'écris pour trouver un moyen de sortir la tête de l'eau, d'apaiser un peu ce coeur qui ne guérit pas et qu'aucun médecin ne peut prendre en charge parce qu'il n'y a pas de remède, il n'y en aura jamais, on ne peut pas effacer de notre mémoire un être qu'on a aimé.

Je te vois de plus en plus. Parfois je t'entends et d'autre fois encore, je sens ton parfum. En étant parti*e* de mon monde tu es un peu plus avec moi. Il m'arrive de marcher dans la rue et d'avoir le souffle coupé par un parfum qui ressemble à celui qui tu portais, de fermer les yeux pour me rappeler ta démarche et ton sourire quand tu m'apercevais au loin. Ton sourire, ton fameux sourire immense et lumineux qui pouvait facilement rivaliser avec le soleil, ça, j'en suis encore toujours certain*e*. Tu es là et c'est inexplicable.

Tu m'accompagnes dans mes journées, m'empêche parfois de sombrer, tu m'accompagnes dans cette épreuve qu'est l'existence en m'empêchant de renoncer.

J'essaye de penser à toi comme à un vieux souvenir, comme à cette vieille connaissance que j'ai aimée mais qui ne fait plus partie de mon monde. Tu es partie en voyage très loin et tu ne reviens que très peu. Tu as déménagé dans une autre partie du monde et tu es maintenant en paix.

- Je suis certaine que tu vas bien.

je me sens seule sans toi, ça fait si mal

la symphonie des silences

tu es devenue
le personnage principal
du roman que je me raconte dans ma tête

la mort n'a plus sa place dans mon histoire.

maya peters

en guérissant doucement
je laisse un peu plus de place
à nos souvenirs
à tout ce que nous avons partagé de beau
quand tu étais encore en vie.

30 septembre 2024

Je n'ai pas pleuré aujourd'hui. Aucune larme n'a effleuré mes joues.

J'ai passé une journée sans souffrir. J'ai même pensé à toi en souriant et en me sentant vivant*e*. Parce que je le suis encore et tant que je le serai, je pourrai me souvenir de toi. Et c'est une chance. Une chance que j'ai longtemps oubliée parce que le temps passait lentement, parce que les étoiles de mon monde s'étaient éteintes, parce que plus rien ne valait la peine, à mes yeux, de continuer à vivre dans un monde qui ne rimait plus avec ton prénom.

C'était long de m'habituer à vivre sans toi, de me lever le matin et d'avoir oublié ton départ. D'avoir vécu tant de premières fois seul*e*, d'accepter de sourire à nouveau à des blagues qui ne sont pas les tiennes, de pleurer pour d'autres disputes qui ne sont pas les nôtres, d'aller au cinéma sans toi, de voyager sans toi, de ne plus jamais dormir dans la même maison que toi. C'était long de m'habituer à vivre dans un monde qui ne sent plus ton parfum, de ne plus recevoir tes cadeaux, de ne plus recevoir tes messages ni tes appels. Ça me fait bizarre de prendre des photos d'autres personnes. D'appeler d'autres personnes pour leur annoncer les bonnes et les mauvaises nouvelles. Une part de moi a toujours envie de t'appeler, d'appuyer sur ton numéro que je n'ai jamais supprimé de mon répertoire. J'aimerais encore une fois entendre ton répondeur mais je n'ose pas. J'ai peur de rechuter, de ne pas parvenir à me lever demain. De vouloir à nouveau plus que tout te rejoindre.

J'essaye de ne plus penser à toutes ces idées sombres qui m'envahissent parfois, j'essaye de sortir la tête de l'eau, de respirer, de ne pas me laisser engloutir par toutes ces pensées. J'essaye et parfois je n'y arrive pas et je l'accepte. Je sais que même si tu n'es plus là, je ne suis pas seule pour affronter les monstres, pour tuer les chimères et pour combattre les mauvais rêves. Je ne suis pas seule, je ne l'ai jamais été mais je ne voyais plus rien dans le brouillard épais. Aujourd'hui je n'ai pas pleuré parce que je me sens en sécurité, une sécurité que n'importe quelle autre perte ne pourra changer.

- La paix revient un peu plus chaque jour.

la symphonie des silences

je vis
avec cette constante impression
de te trahir

- je ne suis que culpabilité depuis ta mort.

maya peters

j'ai voulu te rejoindre
dans les étoiles
pour ne plus ressentir ta mort
j'ai voulu te rejoindre
et aujourd'hui
j'ai décidé de vivre
et de me remplir la tête de souvenirs
avant de te retrouver
pour avoir des choses à te raconter

là-haut.

Octobre

07 octobre 2024

Un an. Un an sans toi. Un an que je suis rest*ée* sur le seuil de la porte. Un an qu'on m'a arrach*ée* à toi et que j'erre depuis dans un monde que je ne cesse de reconstruire. Je suis rest*ée* sur le seuil de la porte, coincée entre la vie et la mort, coinc*ée* entre ton départ et l'obligation de rester. Un an que je ne cesse de combattre le dilemme de ma tête : vivre ou mourir ?

Tout me semble si irréel, si rapide, si inconcevable et absurde que je ne peux me résoudre à accepter l'innommable. C'est comme si on m'avait répété trop de fois le mot « chaise » et qu'à la fin ce petit meuble posé dans mon salon, que je côtoie au quotidien, ne pourrait plus porter le nom de « chaise » parce que ce terme n'aurait plus de sens. J'ai dû tout réapprendre. Tout reconstruire. Ne pas m'arrêter à ranger les ruines et les décombres sous le tapis. Je n'ai pas pu faire comme si rien n'avait changé, comme si rien n'avait été chamboulé. Tout mon monde s'est écroulé quand ton prénom a cessé d'exister. Ton prénom n'a pas vraiment cessé d'exister, je le sais, mais je ne trouve plus personne assez digne pour le porter. Ton visage était mon monde, tes yeux mon océan, ton cou mon désert et tes joues mon ciel. Et aujourd'hui j'essaye encore de combler le vide que tu as laissé.

Tu aimais bien les bilans, comprendre ce que j'avais appris, connaître mes erreurs, mes solutions à mes problèmes, quels proches m'entouraient et lesquels partaient, quels étaient mes rêves.

Alors, par où commencer cette année ? Ta mort m'a fait revoir toutes mes priorités, a annihilé tous mes rêves et m'a fait changer de regard sur le monde. J'aime plus fort comme je pleure aussi plus intensément. Je vis tout dans l'instant présent parce que depuis ton départ, l'avenir me terrifie alors j'essaye de le combattre. Mes rêves sont aussi plus grands désormais, j'essaye de viser des objectifs immenses parce que sentir ton regard sur moi me rend responsable de ne pas être ordinaire, de faire de grandes choses, de devenir quelqu'un d'important, de laisser notre trace dans ce monde.

Mais j'ai aussi appris que la douleur ne passait pas, ne disparaissait pas, même dans les moments intenses de joie. Elle est toujours là, tapie quelque part dans mon esprit, prête à ressurgir aux moindres moments de faiblesse. Mon traumatisme ne m'a pas rendu plus fort*e*, au contraire, il m'a même rendu plus faible. Mon traumatisme m'a chang*ée*, m'a fait évoluer mais ne m'a pas aidé à devenir une meilleure personne. Je ne combat plus la douleur, je lui laisse autant de place que nécéssaire, un jour elle s'apaisera et n'aura plus rien à exprimer. Elle partira elle aussi mais en attendant elle est là et je l'accepte.

- Ça ira, maintenant j'en suis certain*e*.

j'essaye d'avancer

la symphonie des silences

je vis plus intensément depuis ton départ
parce que ta mort m'a appris
que perdre une minute
c'est perdre une occasion de vivre
une occasion de me créer des souvenirs.

maya peters

te voir revenir et avoir le temps
de te serrer une fois de plus dans mes bras
est encore un songe que je cache dans ma tête
mais je m'interdis d'y penser souvent

ça me fait encore trop mal
de prendre conscience
que je ne sentirai plus jamais
la douceur de ta peau.

30 octobre 2024

Pour guérir, on m'a donné comme conseil de t'écrire une lettre puis de la brûler. J'ai trouvé ça très bête la première fois qu'on m'en a parlé mais je crois que c'était la peine qui s'exprimait. En y réfléchissant, ça ne me paraît plus si bête que ça, je trouve même la symbolique plutôt jolie.

Alors ce matin je t'ai écrit cette fameuse lettre où j'ai essayé de saisir au mieux l'essence de notre relation, j'ai essayé d'expliquer au mieux ce pourquoi on s'aimait. Je ne sais pas si j'ai parfaitement réussi mais je l'ai fait. J'ai ensuite réfléchi à un endroit qu'on aimait bien et qui nous ressemblait. Je n'ai eu en tête que la mer et le coucher du soleil. Alors j'ai patiemment attendu toute la journée et en fin d'après-midi je me suis rendu*e* à notre endroit, là où on entend seulement chanter les oiseaux, là où on entend seulement le bruit des vagues qui s'écrasent sur les rochers. J'avais dans ma poche ma lettre et un briquet. Il y avait une légère brise, c'était joli. C'était calme, comme tu aimais. Le ciel n'était pas sans nuage, le contraste était saisissait. La mer avait une couleur plus sombre que les autres jours, peut-être sentait-elle que mon coeur était triste.

Je me suis assis*e* un peu face à cette immensité, j'ai pensé à toi, je t'ai un peu parlé et j'ai laissé le temps faire les choses, je me suis abandonné*e* à ses caprices, j'ai accepté de laisser la peine et le vertige m'envahir. Le vertige de toutes ces années que j'ai encore à passer sans toi mais aussi d'une éternité à nouveau dans tes bras.

J'ai sorti la lettre de la poche de mon jean, je l'ai dépliée puis je l'ai lu à voix haute, une dernière fois, juste pour entendre encore nos deux voix s'entremeler dans la brise de cette fin de journée.

Je suis retourné*e* à la maison le coeur léger et l'âme en paix

- Je ne guérirai jamais de toi mais ton souvenir deviendra plus doux.

la symphonie des silences

ça me manque de prononcer ton prénom
de te hurler dessus pendant nos disputes
de sourire à n'en plus finir
quand je sentais ton parfum `
qui planait dans l'air
ça me manque de faire tout ce que je faisais pour toi.

maya peters

te cuisiner un plat réconfortant
t'acheter un cadeau
te rejoindre à la terrasse d'un café
ou planifier un voyage

- la mort m'a tout enlevé.

je ne guérirai jamais de toi
j'en voudrais toujours à la vie
de t'avoir arraché*e* à moi
j'en voudrais toujours à la mort
d'être venue te chercher
sans me laisser le temps de te dire adieu

mais il paraît que la haine empêche la paix
et je ne veux pas t'empêcher de la connaître
je ne veux pas m'empêcher de la connaître.

alors je te laisse partir
avec toujours ce sentiment amer
de vivre dans un monde
qui n'a plus, qui n'aura jamais plus
ton odeur.

Objet : Merci

———————————————

Salut,

Je n'ai plus donné de nouvelles pendant un an.
Mais j'ai écris, j'ai écris des dizaines de lettres.

J'ai brûlé la dernière.

La paix commence lentement à revenir
Mais on ne guérit jamais vraiment n'est-ce pas ?

J'espère qu'on se reverra bientôt.
Je suis prête à vivre de nouveau.

Merci.

- Le livre évoqué à la page 112 est l'ouvrage de Marion Fritsch qui s'intitule «Les fragments du coeur» publié aux éditions Albin Michel.